Johan von Kirschner

Die Bruderschaft der Essener

Firavarti Verlag

Johan von Kirschner

Die Bruderschaft der Essener

Firavarti Verlag

Firavarti Verlag Berlin · c/o Selim Oezkan

1. Auflage 2015

Buch- und Umschlaggestaltung: Selim Oezkan, Berlin
Produktion und Vertrieb: CreateSpace, 4900 LaCross Road North Charleston, SC 29406, USA

ISBN-13: 978-1514641873
ISBN-10: 1514641879

Printed in the USA

www.kabbalahvedanta.net
info@kabbalahvedanta.net

Inhalt

Einleitung

Das Wenige was man über die Essener weiß, bildet eine Hülle, die sich scheinbar um ein großes Geheimnis legt. Wenn man sich aus Neugier unvorbereitet auf die Suche nach der Bedeutung des Essenischen Ordens begibt, verirrt man sich bald in einem Wirrwarr unzähliger Fragmente und Mutmaßungen. Ein besonderes Merkmal macht die Geschichten über die Essener jedoch interessant: Es heißt, sie erwarteten zwei Propheten deren Mission in ihrem Orden vorbereitet werden sollte.

Was über diese Bruderschaft bis zum Schriftrollenfund der Essenersiedlung Qumran im Jahre 1947 bekannt war, wurde durch drei, um die Zeitenwende lebende Gelehrte überliefert: Flavius Josephus, der selbst jahrelang in der Nähe von Qumran lebte, Plinius der Ältere und Philo von Alexandria. Aus ihren Schriften entnehmen wir, das die Essener zu Jesus Lebzeiten eine wichtige Rolle im Macht- und Glaubensgefüge Ägyptens und Palästinas gespielt hatten. Ihr Ansehen und ihr gesellschaftlicher Einfluss müssen beachtlich gewesen sein.

Vor diesem Hintergrund und der Tatsache, dass es sich bei den Essenern um eine jüdische

Priestersekte handelte, stellt sich die Frage, wieso eigentlich nirgends in der Bibel etwas von ihnen zu lesen ist.

Sahen sich die großen Eingeweihten der damaligen Zeit, wie etwa die Apostel Jesu, gar nicht von diesem Orden getrennt – sondern empfanden sich ihm selbst zugehörig?

Fühlten sie sich mit den Essenern im Schwur der geheimen Mysterien verbunden?

Eine erste Antwort erhalten wir, wenn wir uns die gesellschaftlichen Verhältnisse ansehen, die in der damaligen Zeit den völligen Rückzug religiöser Institutionen erforderten. Es war für die Essener zwingend notwendig sich dem öffentlichen Leben zu entziehen. Denn die politische Situation in Palästina zu dieser Zeit, war aufgeschürft und durch den Werteverfall einer immer materialistischer werdenden Kultur brüchig geworden.

Unter Tiberius gingen die Römer in ihrer konservativen Religionspolitik hart gegen das Judentum und ihren Eingottglauben vor.

Auch wenn die Römer in Wirklichkeit ihre Wölfin anbeteten, verbreiteten sie überall in der alten Welt ihren Vielgottglauben. Alles andere wurde niedergedrückt, und alte, Jahrtausende lang ausgeübte Mysterienkulte öffentlich verspottet.

Man drängte die Massen in die Arenen, auf deren sandigen Kampfplätzen, bei schallendem Beifall Zehntausender, Menschen von Raubtieren in Stücke gerissen wurden.

Es war der Höhepunkt einer materialistischen Ära. Eine große Epoche der Menschheitsentwicklung schien auf ihr Ende zuzugehen.

Die Juden, die unter dem schweren Joch der Römer zu leiden hatten, sehnten sich auch aus politischen Gründen nach einem Messias. Sie fühlten sich geknechtet, denn das römische Imperium war ein furchtbares Unterdrückungssystem. Mit der Ankunft dieses Messias sollte das Ende der römischen Herrschaft angezeigt werden und ein neues Zeitalters beginnen.

Im 22. Buch der Johannes-Offenbarung lesen wir: »Ich bin das Alpha und das Omega, der Erste und der Letzte, der Anfang und das Ende. […] Ich, Jesus, habe meinen Engel gesandt, […] bin die Wurzel und das Geschlecht Davids, der Stern des hellen Morgens.«

Das »Alpha und Omega« bildete die Marke im Übergang in eine neue Zeit. Der Morgenstern ist das Symbol für die neue Hoffnung, die Ankunft eines »Menschensohnes«, der das verlorene Licht in die Welt zurückbringt. Es war die erneuerte Sonnenkraft im neuen Frühling der Menschheit, angedeutet durch das Tierkreiszeichen Widder – der als Lamm Gottes dereinst im letzten Abendmahl an den 12 Aposteln »vorübergehen[1]« sollte.

Das es zu einer Wiederkehr bzw. einer Inkarnation Gottes auf Erden kommen werde, das wurde bereits 600 v. Chr. in den Orakelsprüchen der sibyllischen Bücher[2] angedeutet. Das Zeitalter des Eisens solle, so die Orakel, von einem Herabgesandten beendet und der ganzen Welt ein neues, goldenes Zeitalter wiedergebracht werden. Ebenso verkündete der Prophet Jesaja[3] die Ankunft eines von Gott erwählten Königskindes:

»Und es wird ein Reis hervorgehen aus dem Stamm Jesses[4] und ein Zweig aus seiner Wurzel Frucht bringen. Auf ihm wird ruhen der Geist Jahves.[5]«

---

1 Pessach, pas-cha = hebr. »Vorüberschreiten«, Erinnerung an den Auszug aus Ägypten, Stierzeitalter → Widderzeitalter

2 Sind eine Sammlung von Orakelsprüchen, die im Römischen Reich in Krisensituationen zu Rate gezogen wurden.

3 ca. 700 v. Chr.

4 ca. 700 v. Chr.

5 Jesaja 11

Die Asketen der Wüste

Plinius der Ältere schreibt in seiner Naturalis historiae von einem Tal im Jordangraben, wo einst Abraham die Könige von Sodom und Gomorrha unterworfen und danach vom Priesterkönig Melchisedek gesegnet und in das Mysterium von Brot und Wein eingeweiht wurde.

In der dortigen von Palmen umgebenen Oase von Ein Gedi, lebte später die zölibatäre Gesellschaft der Essener, die Plinius der Ältere als »die merkwürdigste religiöse Vereinigung der Welt« bezeichnete. Sie lebten in kleinen Häusern, an deren Schreinen sie über den heiligen Schriften meditierten. Durch allegorische Interpretation und Meditation bezogen sie daraus eine ererbte Philosophie, die sie als Symbole einer inneren, geheimen Lehre ansahen.

Die Essener standen auch in der Gunst Herodes des Großen. Er sprach von ihnen in hohen Tönen und dachte von ihnen, so wörtlich: »besser als sterblichen Wesen gebührt«.

Herodes nahm die Essener sogar vom Treueeid gegenüber dem römischen Kaiser aus, den andere jüdische Sekten wie Pharisäer oder Sadduzäer zu leisten hatten.

Vermutlich war er ihnen deshalb so gut gesinnt, da der Essener Menáhem[6] ihm als jungem Mann prophezeite, dass er dereinst als König in Palästina herrschen werde. Vielleicht aber bewunderte er die Essener auch wegen ihrer außergewöhnlichen Fähigkeiten.

Über sie sagte Herodes, das sie das schrecklichste Ungemach kalt lasse, Schmerzen würden mit Seelenstärke überwunden und sie zögen dem langen Leben einen ruhmvollen Tod vor.

Das den Essenern an Ruhm nichts gelegen haben dürfte, kann man jedoch aus ihrer asketischen Lebensweise ableiten. Sie waren frei von Ehrgeiz.

Eher arbeiteten sie fleißig auf ihren Feldern.

Trotz das sie sich von anderen jüdischen Sekten unterschieden, hatten sie ihr Band mit dem herkömmlichen Judentum nie gelöst. Deshalb kam es während ihres Wirkens anscheinend nie zu Auseinandersetzungen mit anderen Sekten. Man bewunderte sie stattdessen wegen ihrer Bescheidenheit. Pharisäer, Sadduzäer, die Gelehrten der Griechen und Römer, überschütteten sie regelrecht mit Verehrung.

---

6 Menahem der Essener war ein jüdischer Kabbala-Gelehrter zur Zeit Christi

Man mochte die Essener – sie waren überall willkommen. Ihre große Barmherzigkeit gegenüber allen Menschen machte sie so beliebt. Sie traten als friedfertige und fromme Menschen auf und lebten im Dienste der Menschheit.

Die Essener integrierten in ihre Ideen verschiedene Lehren der Philosophen Griechenlands, teilweise auch aus dem fernen Asien stammende Glaubensauffassungen. Manche sagen, sie bewunderten auch die »Heiden« wegen ihrer arbeitsamen Haltung und Freundlichkeit, ihr Gehorsam gegenüber den höheren Gesetzen der Natur und ihrer Treue und Liebe zur Wahrheit.

Im Streben nach Heiligkeit des Herzens und innerer Verbundenheit mit Gott, lebten sie wie die späteren Mönchsgemeinschaften der Gnostiker, fernab der Städte und betrachteten die Landwirtschaft als einzig rechtmässig körperliche Arbeit.

Vom Tempelkult Jerusalems hatten sie sich bereits in der Makkabäerzeit[7] distanziert. Zwar befand sich auf dem heutigen Zionsberg im Südwesten Jerusalems ein Essenerviertel von wo aus man Tempelgeschenke sandte, die Essener

---

7 Makkabäer = jüdische Freiheitskämpfer gegen die Dynastie der Seleukiden (Seleukidenreich gehörte zu den Diadochenstaaten, die sich nach dem Tod Alexanders des Großen gebildet hatten)

blieben den rituellen Festlichkeiten aber fern. Sie enthielten sich der Tieropfer, dem Alkoholgenuss und führten ein asketisches Leben. Nur sich voll und ganz Gott zu widmen, war für sie das einzig wahre und gültige Opfer das sie zu erbringen gedachten.

Auch besaßen die Essener kein Geld. Ihren Besitz hielten sie gemeinschaftlich. Alles wurde gleichberechtigt verteilt und ein Neuling übergab seine Besitztümer der Gemeinschaft. Diese Haltung sollte auch vom apostolischen Kreis um Jesus übernommen werden.

Ihre eigenen jüdischen Gemeinschaften bildeten sie nach dem Leitbild[8] des Propheten Elija. Elijas Vorbildfunktion erkennt man auch in der endzeitlichen Heilserwartung der Essener.

Sie bereiteten, wie wir Anfangs bereits gehört haben, die Ankunft zweier von Gott erwählter Menschensöhne vor, die als Priester und als König in der Endzeit auftreten sollten.

Der qumranische »Text vom Sohn Gottes«, erwähnt einen Messias des Himmels und einen Messias der Erde. Ein Nachkomme Davids, solle aus dem Hause Juda, als König der Juden auftreten. Ein anderer solle aus dem Hause

---

8 Elija sagte sich ebenfalls vom Tempelkult los

Aaron höchster Priester Israels werden. Diesem göttlichen Heilsauftrag Folge leistend, wurden allem Vernehmen nach Jesus und Johannes der Täufer von den Essenern in Qumran auf ihre Missionen vorbereitet, welche später durch Jesus Christus in Palästina verwirklicht werden sollte.

Sich selbst bezeichneten die Essener als »Juda« oder als die »Verbannten Königskinder der Steppe«. Philo von Alexandria leitete den Namen vom griechischen Wort für »Heilige« ab, »hosios«, was sich zu »Essios« und schließlich zu »Esseni« änderte. Auch das aramäische Wort für Heiler »Assaya« wird als Ursprung ihres Namens angegeben. Verbreitet ist auch die Vermutung, dass der Name von der hebräischen Bezeichnung »Ossei Ha Torah« abgeleitet ist – den »Befolgern des Gesetzes«, woraus »Ossenes« und zuletzt »Essenes« wurde.

Eine weitere Variante erkennt in ihrem Namen die »Essania« – die »Kinder der Sonne«. Ebenso ist eine Ableitung vom Namen Henoch möglich, der sich über Enoch, zu Esnoch formen ließe. Dies ist insofern interessant, als das Henoch eine zentrale Rolle in der Essenischen Tradition einnahm.

Eideutig spiegeln sich in allen Herleitungen des Ursprungs ihres Namens die Arten und Weisen wieder, wie die Essener ihren Zeitgenossen erschienen.

Die Wurzeln der Essener sind sehr alt. Sie waren die Ältesten aller Eingeweihten, deren aus Zentralasien stammenden, teils von persischem Gedankengut beeinflussten Lehren, sich über unzählige Generationen erhalten haben.

Manche Quellen schreiben, die Essener seien im 3. Jhd. v. Chr. von einer Gesandtschaft des indischen Königs Ashoka von Pataliputra[9] in die Lehren des buddhistischen Mönchslebens eingeweiht worden.

Andererseits findet sich in Essenischen Schriften vom Toten Meer Gedankengut der Arier – einer zoroastrischen Glaubensgemeinschaft, die heute in Nordiran und in Indien lebt. Drum trifft man in ihren Glaubensauffassungen der Essener auf Spuren des alt-iranischen Dualismus.

Die Lehren der Essener vermischten sich auch mit den uralten Weisheiten der Magoi, wie sie etwa durch den babylonischen Caspar[10] von Chaldäa auch zu Christi Geburt nach Palästina kamen.

Das Denken der Essener muss auch von

9 Hier kam der mythische Priesterkönig Johannes von Indien zur Welt.
10 Einer der drei Weisen aus dem Morgenland

altägyptischem Gedankengut geprägt gewesen sein, denn vermutlich waren die Essener Alexandrias Abkömmlinge der ägyptischen Hierophanten. Diese Gruppe nannte man die »Therapeutés«, vom griechischen Wort für »Gottesverehrer«.

Schaut man sich die Lehren der Essener im Vergleich zum Judentum Jerusalems an, so ist eine stark solare Prägung zu erkennen. Diese wurde ihnen wahrscheinlich bereits aus der Zeit Moses' überliefert. Moses und Aaron hatten die Atonlehre des Pharaos Echnathon in eine Lehre des »Adon« verwandelt, der später von den Essenern »Adonai« genannt wurde.

Daraus entwickelten sie eine eigenständige Sonnentheologie und während in Jerusalem der Mondkalender galt, richteten sich die Essener nach einem Sonnenkalender von 364 Tagen.

Die Essenische Verehrung galt also der Sonne, die für sie physischer Repräsentant Gottes war. Täglich zu Sonnenaufgang beteten sie ihre Psalmen, die von zwei Essenischen Geheimorden[11] entwickelt wurden: den Samsonern und den Helikern.

---

11 Die Samsoner nannten sich nach dem Sonnengott Samson: Samson, eigentlich Simson oder Schimschon (hebräisch שִׁמְשׁוֹן Šimšon, Šimšôn „von der Sonne"; auch „Diener Gottes", oder diminutiv „Kleine Sonne" bzw. „Sönnchen")

Jesus und Johannes der Täufer

Friedrich von Preußen schrieb 1770 in einem Brief an den französischen Philosophen Jean-Baptiste le Rond: »Jesus war eigentlich ein Essener; er war von der Moral der Essener eingenommen«. Etwa 100 Jahre später ließt man in einem Buch des französischen Schriftstellers Ernest Renan mit dem Titel »Das Leben Jesu«:

»Das entstehende Christentum folgte […] der Spur der Essener oder Therapeuten und der auf das Einsiedlerleben begründeten jüdischen Sekten.«

Auch Helena Blavatsky, die Begründerin der modernen Theosophie, schrieb, dass Jesus als Magier und Adept Essenische Lehren der Gnosis in sich vereinigte und vor seiner öffentlichen Mission bei den Essenern gelebt haben soll.

Die Nähe zur Jordanmündung ins Tote Meer, die sich etwa in Gehweite (6 km) der Siedlung von Qumran befindet, wo Johannes als Täufer wirkte, legt die Vermutung nahe, dass auch er ein Essener gewesen sein musste. Die Sitte der zeremoniellen Reinigung hatte er wohl dem Essenerbrauch entlehnt und nach seiner Art in die Jordantaufe verwandelt. Zwar ist die Taufe ein urjüdisches Ritual – doch der Brauch mit dem ganzen Körper im Wasser unterzutauchen, muss er von den Essenern übernommen haben und auf diese Weise taufte Johannes auch den Jesus Christus.

Nach seiner Taufe, verbrachte Jesus einige Zeit in der Gemeinschaft des Johannes, bis er schließlich selbst eine Jüngerschar um sich gebildet hatte. Über das was zwischen Johannes und Jesus dabei ausgetauscht wurde, darüber ist uns leider nichts bekannt.

Nachdem Jesus auf Johannes den Täufer traf, verbrachte er Zeit in Ein Gedi – eine Oase die sich etwa einen Tagesmarsch südlich von der Jordanmündung am Westufer des Toten Meeres befindet.

Es heißt Maria, Jesus Mutter, wäre mit den Essenern verbrüdert gewesen. Noch als Jesus ein Kind war, soll sie ihm beteuert haben, dass er eines Tages von den weisen Essenern Wissen vermittelt bekäme, und ließ ihn nach dem Tod Josephs im geheimen nach Ein Gedi ziehen.

Von den Essenern muss er dort die esoterische Überlieferung der Propheten und damit seine eigentliche religiöse Ausrichtung erhalten haben.

Wenn wir davon ausgehen, dass Jesus eine Reihe

von Jahren in ihrem Kreis blieb, so muss er sich auch ihrer Disziplin unterworfen und in Qumran die Geheimnisse der Natur studiert haben.

Vermutlich lehrte man ihm in Ägypten die okkulte Therapeutik, denn von dort stammte auch der alte Einweihungsritus in die Mysterien, in die Jesus dann nach seiner Lehrzeit initiiert wurde.

In einer älteren, schriftlichen Abhandlung, wird seine Einweihung folgendermaßen dargestellt:

In einer Felsgrotte warteten auf ihn die Oberhäupter des Essenerordens. Fackeln brannten und Palmzweige wurden getragen, während man den in Essenerkluft weiß gekleideten Jesus feierlich empfing. Ein hundertjähriger Greis reichte ihm einen goldenen Kelch, aus dem wohl einst Moses mit den Siebzig Weisen[12] den Wein der Einsegnung trank. Jesus empfing daraus den Geist der göttlichen Inspiration – nach Ordnung des Priesterkönigs Melchisedek.

Auf seine Mission eingestimmt begab sich Jesus in die Einsamkeit der Wüste.

Nach dieser Zeit kehrte er wahrscheinlich zuerst zur Essenergemeinschaft von Ein Gedi zurück.

---

12 Numeri 11:16

Dort berichtete man ihm dann wohl auch von der Hinrichtung Johannes des Täufers – worauf Jesus eigentliche Mission begann[13].

Eigentlich eine sehr ambivalente Konstellation, die später von den Mandäern kritisiert werden sollte. Nach ihrem Glauben nämlich, war Johannes der wahre Messias. Pflegten die Essener wegen ihres guten Verhältnisses zu Herodes, vielleicht auch Verbindungen mit dessen Sohn Herodes Antipas – dem Mörder des Johannes?

Befürchteten manche vielleicht, dass Johannes der weltlichen Aufgabe als gottgesandter König nicht gerecht werde?

Eine solche Annahme scheint vermessen und auf den ersten Blick vielleicht unwahrscheinlich, denn Johannes der Täufer war damals in ganz Palästina eine große Figur. Tausende kamen zu ihm um sich taufen zu lassen. Er war ein Seher. Mit seinen feurigen Predigten gab er dem Volk das, was sie im Tempel von Jerusalem nicht finden konnten. Dennoch wirft die Abfolge von Ereignissen viele Fragen auf.

Sollte aus Jesus der Erbe des Täufers werden, da nur er wegen seiner Abstammung ein »Reich des

---

13 Die Bergpredigt erfolgte kurz nach dem Tod Johannes des Täufers.

Himmels« als Königssohn verkünden konnte? Oder haben die Köpfung des Johannes und die Kreuzigung Jesus eine esoterische Bedeutung in der zeitlichen Abfolge der Bibelgeschichte?

Man kann mit Sicherheit sagen, dass Jesus den Auftrag hatte den Schleier um die großen Mysterien der jüdischen Tempeltradition aufzuheben. In Gleichnissen gab er den Menschen die Geheimlehre. Damit brachte er in seine galiläische Heimat etwas Neues – etwas Gewaltiges!

Als ein Zeichen für diese Enthüllung, könnte man den symbolischen Riss des Vorhangs im innersten Heiligtum des Jerusalemer Tempels zum Zeitpunkt seiner Kreuzigung sehen.

Der Essenische Orden

Die Leitung der Essenischen Gemeinden bildete ein Rat aus 12 Weisen die sich die »Wahrer des Bundes« nannten. Sie pflegten einen sehr strengen Lebensstil, hielten den Sabbath heilig, doch hatten einen eigenen religiösen Wochenfesttag: den Sonntag – und nicht wie die jüdische Gemeinde Jerusalems den Samstag.

Ihr tägliches Tauchbadritual pflegten sie im Sinne des Propheten Jesaja deren Lehre von der Läuterungskraft des »lebendigen Wassers«, sie in ihr Glaubenssystem übernommen hatten. Ihre Selbsttaufe im geweihten Wasser übten sie in Erinnerung an eine Geschichte aus dem Leben Adams. Dort heißt es Adam hätte 40 Tage bis zum Kinn im Flusswasser des Jordans gefastet zur Vergebung seiner und Evas Versündigung[14] im Garten Eden.

Sie glaubten, das sie durch die Taufe von Sünde befreit, zu einem Quell der Reinheit, der Heilung und des Lebens würden, der den allegorischen Durst der Hilfesuchenden und Gläubigen stillen konnte.

Nach feierlicher Waschung im Tauchbad nahmen sie am gemeinschaftlichen Essen teil,

---

14 Geschildert in den Apokryphen »Das Leben Adams und Evas«.

was ausschließlich in Gesellschaft ihrer Glaubensbrüder stattfand. Wegen ihrer strengen Reinheitsgebote durfte Essen weder von einem Nicht-Essener, noch von einer außerhalb ihres Ordens lebenden Person zubereitet werden. Es heißt sogar, sie wären lieber gestorben, als das Essen von einem Nicht-Essener zu sich zu nehmen.

Auch musste sich ein höhergestellter Essener waschen, wenn er von einem niedrig Gestellen nur berührt wurde.

Diese nach außen hin übertriebene Stringenz ihrer Frömmigkeit, lässt annehmen, sie hätten ihre Zeit mit Fantastereien verbummelt. Der wirkliche Grund für ihre strengen Ordensregeln ist uns heute leider nicht bekannt. Es scheint aber, als bestünde neben dem rein äußerlichen Erscheinen ihrer Ordensregeln ein anderer Grund für ihr vermeintlich übertriebenes Verhalten. Denn ihr nach Außen gestelltes Asketentum und ihre Distanz zum Rest der Bevölkerung, weichte völlig von der Tradition der inneren Religionen ab.

Vielleicht können wir ihr Verhalten darauf zurückführen, dass sie etwas Höherem dienten, was diese Eigenart notwendig machte und etwas war, das nicht in äußeren Zeremonien gefeiert werden konnte.

Darum war auch die Aufnahmeprozedur in den Orden relativ langwierig.

Eine Mitgliedschaft im Essener-Orden war erst nach Jahren möglich. Er bestand aus einem auserwählten inneren Kreis, der seinen Mitgliedern strengstes Stillschweigen über die vermittelten Lehren gebot. Eingeweihte waren zwar Teil der Essener-Gemeinschaft, standen aber nach ihrer Initiation in anderer Verantwortung als Nichteingeweihte.

Die Essenischen Novizen schworen den obersten Gott zu ehren, sich in Gerechtigkeit zu üben, niemandem vorsätzlich zu schaden, den Älteren Gehorsam zu leisten und sich in Abstinenz von ehelichem Geschlechtsverkehr zu üben. Wenn der Novize es geschafft hatte, dass Fleisch »abzutöten«, konnte er Fortschritte hinsichtlich seiner spirituellen Entwicklung machen und sich in innerer Reinheit üben.

Im ersten Jahr lebte der Anwärter außerhalb der Ordensgemeinschaft. Im zweiten Jahr nahm er an den rituellen Waschungen Teil, nicht aber am Gemeinschaftsmahl. Nach weiterer einjähriger Probezeit wurde er schließlich in den Orden aufgenommen.

Das neue Mitglied des Ordens befolgte von nun

an konsequent die mosaischen Gesetze, die ihm vom »Zadok«, dem Lehrer der Gerechtigkeit, verkündet wurden. Die neu eingetretenen Novizen erhielten ein weißes Kleid, einen Lendenschurz und eine Hacke – Sinnbilder und Mittel der Reinheit.

Die Frömmigkeit und das zölibatäre Leben der Essener beschränkte sich auf einen inneren Kreis von Eingeweihten. Man schwor die Novizen darauf ein, die Namen der unter der Herrschaft Gottes im Universum regierenden Mächte, geheim zu halten. Sie verpflichteten sich über das was ihnen mündlich zu wissen gegeben wurde zu schweigen. Denn die in ihrer Einweihung gemachten heiligen Erkenntnisse mussten unbedingt geheim gehalten werden.

Die wirkliche Einweihung erfolgte durch Eintauchen in das eigene Selbst, denn nur im Herzen, so glaubten die Essener, könnte die göttliche Existenz gefunden werden – alles Lebendige und Spirituelle das sich aus dem Innern im Außen zeigen sollte, wurde mit dieser Einweihung im Essenischen Geistesschüler erweckt.

So aber wurden die wahren Lehren der Essener tiefer denn je vor dem Blick kommender Generationen verborgen, denn keine der

Essenischen Geheimlehren wurde jemals schriftlich niedergelegt.

Ein Autor der Gegenwart behauptet zwar er hätte wegen eines glücklichen Umstands die Gelegenheit gehabt, als Jugendlicher in den vatikanischen Geheimarchiven zu recherchieren, und sei dabei auf geheime Evangelien der Essener gestoßen – von ihrer esoterischen Lehre ist darin aber nichts zu finden – denn bei einer wirklichen Geheimlehre geht es nicht um intellektuelles Verstehen und Gefallen, sondern um die direkte Erfahrung.

Man weiß über die Einweihungsrituale in den religiösen Kulten, wie dem des Mithras, der Kybele oder der Mysterien von Eleusis, das der Körper des Mysten zur Einweihung in einen Zustand höchster Gefahr gebracht wurde. Einweihung war das, was man dem Mysten im Zustand nahe der Todesgrenze, im Angstrausch ihm als Bild gab – er wurde »dem Einen geweiht« in dem er, in der Dunkelheit einer Höhle einen Ausweg suchte, bis er plötzlich in der Tiefe das Licht der »Mitternachtssonne« schauen durfte.

Grund für die in den Mysterien strenge Verschwiegenheit war also die Unmöglichkeit die gemachten Erfahrungen erklären zu wollen, bzw. mit jemandem zu teilen, der nicht an der Einweihung teilgenommen hatte.

Die Essener wussten, dass das Wort niemals die Erfahrung, sondern immer nur eine Beschreibung dessen ist, was gesehen, was gehört oder was gefühlt wurde - niemals aber der Geschmack war, den man nach einer Einweihung behielt.

Vielleicht können wir das auch so deutlich machen: Es ist unmöglich jemandem der noch nie in ein Stück Zitrone gebissen hat, die dabei gemachte Geschmackserfahrung erklären zu wollen. Haben sie jemals in ein Stück Zitrone gebissen? Was passiert in ihrem Mund, wenn Sie sich daran zurückerinnern?

Die Verbindung die die Essenischen Eingeweihten untereinander hatten war also etwas anderes als beschreibbar Intellektuelles. Eher handelte es sich um ein tiefes inneres Wissen.

Wenn also einer die wahre Bedeutung der Mysterien aus sich selbst oder mit Hilfe eines anderen entdeckt hatte, dann sollte er darüber schweigen.

So oder ähnlich teilten es die Essener wohl auch Jesus mit. Wenn er über die Geheimnisse sprechen wolle, so möge er in Gleichnissen sprechen – auf eine rätselhafte Art.

Die geheimen Lehren sollten erraten werden, von denen, die sie verstehen können – »Wer Ohren hat zu hören, der höre!«

Geheimhaltung war der einzige Eid, den ein Essener zu leisten bereit war.

Sonstige Schwüre lehnten die Essener ab. Man erachtete, ebenso wie die Pythagoreer, andere Eide als Misstrauensbeweis, denn ein Eid war ihrer Auffassung nach nur nötig, wenn gegenseitiges Misstrauen bestand. In einer Gesellschaft ehrlicher Menschen dürfte das jedoch nicht der Fall sein. Aller Ärger und alle Bosheiten konnten so ausgemerzt werden.

Mit ihrer Einweihung schlossen die Essener einen Bund mit dem Licht. Danach waren sie im Stande Gott direkt zu schauen, zu prophezeien, Wunderheilungen zu vollbringen – ja selbst Tote zu neuem Leben auferstehen zu lassen.

Lehren der Essener

Grundlehre der Essener war die Tora-Frömmigkeit und der Glaube an einen Gott, neben dem es keine anderen Götter gibt. Dieser Gott schuf Himmel und Erde, erwählte Israel, führte aus Ägypten, schloss seinen Bund am Sinai und führte die Israeliten zurück ins Heilige Land.

Ihre Zeitgenossen nannten die Essener »Kinder der Weisheit«. Alle Gotteswerke wurden mit dem Geist ihres hohen Ordens als Geheimnisse gehütet.

Wegen ihrer unheimlichen Ausstrahlung unterschieden sie sich von anderen jüdischen Orden. Manche sagten, die Essener stünden – wie vor ihnen wohl auch die Pythagoreer – unter dem geistigen Einfluss des skythischen Heilers und Wahrsagers Abaris von Hyperborea[15], einem legendären Reinigungspriester des griechischen Sonnenkönigs Apollon.

Man findet übrigens viele Parallelen zur solaren Tradition der Pythagoreer. Gründe dafür könnten im griechischen Einfluss Alexandrias, bzw. der in Ägypten fortgeführten Tradition der Hellenen gefunden werden.

---

15 der zwischen dem 8. und dem 6. Jhd. v. Chr. gelebt haben soll

So führten Essener wie Pythagoreer ein asketisches Leben um Heiligkeit zu erlangen.

In den Hochgraden des Ordens wurde die Ehe abgelehnt. Zumindest war ehelicher Geschlechtsverkehr alleiniges Mittel zur Fortpflanzung.

Essener und Pythagoreer trugen gleichermaßen weiße Kleidung, nahmen keine warmen Bäder, scheuten alles Unreine und waren darum auf höchste Sauberkeit bedacht.

Wie die Pythagoreer erkannten sie die Autorität der alten Tradition an und stellten unter strenger Geheimhaltung, ihre Lehren in Form von Symbolen dar.

Was die Essener von den Pythagoreern unterschied, war die Ablehnung des Studiums der Mathematik, Astronomie und Musik. Sie glaubten das die Wissenschaft einem gottergebenen Leben schade, da die Ursprünge und die Beschaffenheit des Universums vorbehaltlos dem Schöpfer zugeschrieben werden könne und nicht untersucht werden dürfte.

Allmorgendlich versammelten sich die Essener zur Kommunion, verneigten sich gen Osten und öffneten ihre Wahrnehmung für die harmonischen Strömungen der Sonne, die sie in sich aufnahmen.

Die während ihrer Gebete und Psalmrezitation dabei entwickelten Gedankengänge behielten sie den ganzen Tag über bei, um ihre Umwelt damit positiv zu beeinflussen.

Als letzter Akt des Tages, versammelte sich die Gemeinde zur Abendkommunion. Ihre letzten Gedanken schärften sie entsprechend vor dem Schlafengehen auf die unbewussten Kräfte ein, um durch die Nacht hinweg sich mit dem Speicher höherer Kräfte zu verbinden – eine Quelle tiefen Bewusstseins und Wissens.

Dabei bereiteten sie sich auf den Empfang der Offenbarungen vor, die sich ihnen in ihren Träumen zeigen könnten.

In der Essenischen Lehre heißt es: Als Adam im Garten Eden weilte, bekleidete ihn ein Gewand himmlischen Lichts. Die menschliche Seele wohnte ihrer Auffassung nach in einem geistigen Lichtleib, der die menschliche Lebenszeit überdauerte. Durch die gemeinsame Kraft der sieben Elohim, wurde der irdischen Adam erschaffen. Dabei entstand auch eine »böse« Kraft: Samael. Sie stürzte, und verursachte – den Menschen betrügend – auch dessen Fall.

Ursprünglich waren die Menschen aber vollkommene Wesen. Starb ein Mensch, so

Josephus über die Lehre der Essener, würde die Seele aus ihrer körperlichen Fessel wieder befreit und konnte sich dann wieder freudig himmelwärts schwingen, zurück in die Unvergänglichkeit.

Aus den Schriften des Hesekiel entnahmen die Essener die Zuordnung der 7 Farben zu den 7 Planeten und den 7 Wochentagen, wie sie einst in Babylon gelehrt wurden.

Die Himmelslichter bildeten für sie eine Allegorie auf die Seele.

- Die Sonne war das belebende Prinzip.
- Der Mond war die Stellvertreterin einer hinter dem Universum stehenden alles leitenden Weisheit.
- Die Venus wurde als physische Natur der Seele betrachtet.

Der Mond war für die Essener das schicksalsbedingte, passive, an die Erde gebundene Lichtprinzip – die Sonne das an die Erde gebundene selbstische Lichtprinzip.

Saturn und die Göttin des Mondes waren die Beherrscher der materiellen Welt.

Mars und Venus herrschten über das lustvoll-begierige Fleisch. Und zwischen beiden Paaren stand Merkur als »Teufel« und Kosmokrator, der als Urheber einer falschen Schöpfung galt. Die Fünfheit der Planeten bildete für die Essener die Ursache aller Irrungen die dem menschlichen Körper widerfahren können, was vielleicht auch in ihrer krankhaften Abscheu gegen ihre eigenen natürlichen Funktionen zu erkennen war. Auch darum wohl ihre mehrmals täglichen Ganzkörperbäder.

Vom Blick der Welt, vom Fleisch und für sie damit – vom Teufel – wandten sie sich ab. Sie widmeten sich gänzlich der landwirtschaftlichen Arbeit und verbrachten den restlichen Tag im meditativen Leben – im Zeichen von Erleuchtung und Ruhe.

Die Essener pflegten eine dedizierte Engellehre. Darnach herrschten auf den verschiedenen Weltebenen Erzengel, die Cherubim und andere Kultengel. Als widergöttliche Mächte kannten sie Daimonen und die »Engel der Boshaftigkeit«, die sich wie auch die guten Engel im Himmel aufhielten. Sie fungierten als Mittler zwischen Gott, der Erde und der Unterwelt, und bewegten sich auf den vier Ebenen der Welt.

- In der englischen Welt befand sich der »Vater« und seine Engel.
- In der messianischen Welt die

Menschensöhne und Propheten.

- Im Bereich der Menschenwelt wirkte der Heilige Geist und die Heiligen.
- In der untersten, unterirdischen Welt der Satan und seine Teufel.

Erzengel nannten die Essener »Angesichtsengel«, da sie die einzigen Wesen des Himmels waren, die vor das Angesicht Gottes selbst hintreten durften um direkt von Gott ihren Auftrag zu erhalten.

König der Erzengelränge war Michael – dessen Name bedeutet: »Wer ist (sonst noch) wie Gott?«. Er war Schutz- und Kampfesengel, der Gott und seine Gefolgschaft, besonders im zukünftigen Endgericht, von den Mächten der Finsternis befreien sollte.

Ihm folgte Gabriel[16] – der »Mann Gottes«, durch dessen Kraft alle Offenbarungen auf die Erde kamen, und dem Zacharias die Geburt Johanni und der Jungfrau Maria die Geburt Jesu verkündet wurde.

Ariel, »Licht Gottes«, lenkte die Himmelslichter der Sonne, des Mondes, der Planeten und des

16 Im Islam erhielt der Prophet Mohammed seine erste Offenbarung am Berg Hira, von Erzengel Gabriel.

Tierkreises und bestimmte die Zeitpunkte der Ereignisse im Geschehen ihrer magischen Arbeit.

Vierter Erzengel war bei den Essenern Raphael – »Arzt Gottes«, der über das Totenreich herrschte und für alle Krankenheilungen zuständig war. Als oberster Patron der alexandrinischen Sekte der Therapeuten, half Raphael mit seinen übernatürlichen Lichtkräften bei ihrer Heiltätigkeit.

Ihre Kenntnisse des Menschen, der Natur und des Lichts hatten einen theosophischen Charakter, der frei von Aberglauben oder blindem Vertrauen in äußere Erscheinungen war. Sie glaubten an eine Vorbestimmung auf deren Pfaden sich die unsterbliche Seele im Menschen bewegte. Hieraus entwickelte sich ihre Gabe der Weissagung.

Um mit diesen Wesenheiten in Verbindung zu treten, praktizierten die Essener eine eigene Form der Engelmagie. Hierfür erhielten die Initianden vom Lehrer der Gerechtigkeit den im Geheimen zu hütenden 72-buchstabigen Namen Gottes.

Melchisedek

Die Essener standen in der alten Tradition des Melchisedek – »König der Gerechtigkeit« – Priesterkönig des höchsten Gottes der abrahamitischen Tradition. Sein hohes, über die Materie hinausgehendes Denken machte Melchisedek zum höchsten Priester. Er war das Vorbild der Hohepriesterschaft und des »Lehrers der Gerechtigkeit«, dem von Gott gesandten Toralehrer, der nach dem Willen Gottes in der Essenischen Bruderschaft die Leitung der Gemeinde innehatte.

Melchisedek erschien dem Abraham als Repräsentant des göttlichen Logos, der für die rechte Führung der Seele, für die Prinzipien der Weltvernunft und für die Annäherung an Gott stand. Er weihte den Propheten ein in das Geheimnis des Lebens.

Das Melchisedek eine Art Glied in der Kette von Verbindungen zwischen der Essenischen Bruderschaft und Gott bildet, lässt sich vielleicht aus seiner nicht menschlichen Erscheinung erklären. Denn es heißt er hätte weder Vater, noch Mutter, noch hätte er durch irgendein freiwilliges oder unfreiwilliges Geschehen »befleckt« werden können.

Das zuvor erwähnte Logosprinzip der Priesterschaft,

hat sich über Seth, Henoch, Melchisedek, Elija und Jesus hinweg erhalten und wird sich auch in dieser aufdämmernden, neuen Epoche aquarianischer Offenbarung verkörpern – in jedem Menschen. Im Unterschied zu bisherigen Gottavataren, findet die Verkörperung des Christusfunken dann in allen Menschen statt und wird – nachdem der tiefste Punkt der materiellen Weltentwicklung durchdrungen wurde – im Zeitalter des Steinbocks (um 4000 n. Chr.) vollendet werden.

All dies gehört der Sethianischen Gnosis an, in der Melchisedek als maßgeblicher Offenbarungsträger der Dreiheit von Licht, Finsternis und Geist, einer Gemeinschaft im Grenzbereich zwischen Gnosis und Christentum in Erscheinung treten wird.

Der uralte Orden des Melchisedek wurde in nachatlantischer Zeit gegründet. Aus diesem Orden stammen alle gottgesandten »Menschensöhne«. Ihre Aufgabe ist es die Lichtbestandteile in den Archonten wieder freizulegen und in das Lichtreich zurückzuführen.

Die Einleitung dessen erfolgte durch die Taufe wie sie an Melchisedek durch Noah's Sohn Sem und tausende Jahre später an Jesus durch Johannes den Täufer vollzogen wurde.

Die Essener waren die Bereiter der Bedingungen für die Wiederkehr des Menschensohnes. Ihr geheimnisvolles Erbe folgte der henochischen Tradition, die in geistiger Verbindung mit Metathron steht – dem höchsten Engel des Kosmos.

Henoch war wahrscheinlich der ursprüngliche Gründer der Essener, denn sie erkannten in den Henoch-Texten die Vorgeschichte ihres Ordens. Das die Essener aus dieser Literatur ihre Inspirationen bezog, zeigen die Schriftrollenfunde von Qumran.

Der Name Henoch, abgeleitet vom hebräischen Wort »Chanoch«, das soviel bedeutet wie »Einweihung«, war für die Essener ein Synonym für die Wahrheit, die von den Engeln auf die Erde herab gesandt wurde. Damit konnte die Ankunft des himmlischen »Lehrers der Gerechtigkeit« erfolgen – »Moreh-Ha-Sedek« der auserwählte Rechtschaffene. Er sollte das in der Welt der Menschen lebende Übel unschädlich machen. Eine Mission also die der Henochischen Tradition ihrer Aufgabe gemäß nahe steht.

Darum sollte nicht ausgeschlossen werden, das es sich beim Orden der Essener nicht um eine allein auf der Erde erschienene Gruppe handelte, sondern die Essener in direkter Verbindung mit einer nichtphysischen Bruderschaft stand.

In der von den Essenern empfundenen Endzeitphase der Weltgeschichte, waren diese Hohen Wesen die Erbauer der Brücken über die die Menschheit in eine neue Heilszeit eintreten sollte.

Aus dem zweiten Buch Henoch erfahren wir von zwei Reihen 12 himmlischer Priester die zu bestimmter Zeit auf der Erde in Erscheinung treten werden.

Die erste Reihe der 12 Priester schuf die Voraussetzung für die Herabkunft Melchisedeks auf Erden. Als Medium des weit entfernten Metathron, wurde durch Erzengel Michael dem Melchisedek die eucharistische Tradition von Leib und Leben mitgeteilt, die dann über ihn den Essenern vermittelt und durch sie an den Messias weitergegeben werden sollte.

Die zweite Reihe der 12 bewirkte, das Herabkommen der Christusinkarnation. Jedem der 12 henochischen Priester war jeweils ein Essenischer Ältester unterstellt, die zusammen die »Wahrer des Bundes« formten.

Den bruderschaftlichen Rahmen in dem diese Herabkunft stattfand, bildete zu Jesus Christi

Zeiten also der Orden der Essener.

Eine Verwandtschaft der Kommunion im Melchisedek-Orden und der christlichen Abendmahlsversammlung erkennen wir im Mysterium von Brot und Wein. Wir finden sie in der Abrahamsegnung am Toten Meer. Später in der Christus-Eucharistie.

Das Abendmahl vor Jesus Kreuzigung wurde von den Essenern eingesetzt. Denn es gab diese Zeremonie bereits vor Jesus und zu seiner Zeit in Ein Gedi, in Qumran ud auf dem Berg Karmel. Dort feierte man allabendlich sakrale, gemeinschaftliche Abendmahle. Teile des Vater-Unser-Gebets wurden dort längst vor Jesus' Bergpredigt im Rahmen einer Gemeinde gebetet, die sich als »Der neue Bund« verstanden hatte. Er unterstand dem Leitorgan des oben erwähnten Zwölfer-Gremiums.

Dieses Gremium versammelte sich gemäß ihrer Regeln zum Gemeinschaftsmahl. Man trank Wein, aß Brot und jeder sprach gemäß seiner Bruderwürde den Segensspruch.

Nun erfahren wir aus der Bibelgeschichte, dass Jesus in Vorbereitung des gemeinsamen Pessachfestes, zwei seiner Apostel zu einem Mann in Jerusalem schickte. Sie sollten ihn daran erkennen, dass er einen Wasserkrug trägt. Er sollte ihnen ein Zimmer im Obergeschoss seines Hauses besorgen, in dem Jesus und die 12 Apostel das bevorstehende Pessachmahl feiern konnten.[17]

Dieses Haus muss sich im Viertel der Essener befunden und einem Essener gehört haben, denn im damaligen Orient trugen nur Frauen Wasserkrüge. Wenn dieser Mann als sein eigner Wasserholer stadtbekannt gewesen war, musste es ein unverheirateter Essener gewesen sein. Denn zölibatäre Mönche gab es im orthodoxen Judentum nie. Auch lebten ledige Männer niemals alleine sondern immer im Rahmen ihrer Sippe.

In diesem Haus eines Esseners sollte also das letzte Abendmahl stattfinden um dort die heilige Priestersendung Jesus zu besiegeln. Doch nicht nach dem Gesetz eines fleischlichen Gebots, wie etwa im jüdischen »Sedermahl«, sondern nach der Kraft eines unauflöslichen himmlischen Lebens.

Das mag der Grund sein, wieso sich das Christentum vom Tieropfer löste, denn im exemplarischen Abendmahlsvorgang, wies Jesus auf das, durch ihn in jedem Menschen zu erfolgende Opfer hin, das mit der Einnahme des

---

17 Matthäus 14:13-16

Brotes und des Weines erbracht werden sollte. An die Stelle eines Blutopfers trat also das unblutige, geistige Opfer. Nur so sollten die Menschen Bürgen des himmlischen Bundes werden können.

Was aber ist gemeint mit der Verwandlung von Brot und Wein in das Fleisch und Blut des Christus? Was ist die esoterische Bedeutung des Abendmahls?

Christus stellt als Repräsentant des solaren Logos ein Wesen der Sonne dar.

Das im Brot zusammengebackene Mehl, stammt von dem durch das Sonnenlicht auf der Erde gewachsenen Getreide. Und es ist, dieser unser Körper, tatsächlich durch den Verzehr des Brotes aus Sonnenlicht gemacht.

Der Brotlaib steht deshalb für die Fruchtbarkeit, und das Leben. Er hat Teil am Charakteristikum des Getreides, das das Erwachen des Lebens symbolisiert – des Lebens, das aus dem Tod hervorgeht – dem was in der Winterzeit zu Ackererde wurde, der Zeit des 12. Monats, in der man heute Jesus Geburt feiert.

Das Brot ist die sichtbare Manifestation des solaren Geistes, der stirbt und wieder aufersteht. Die goldenen Kornsamen werden durch die

Sonnenkraft aus der jungfräulichen Muttererde geboren und im Getreidespross aufgerichtet.

Als Symbol für diesen kosmisch-irdischen Vorgang, zeigten die Juden auf dem Tisch des Tempels 12 Schaubrote. Nach den Worten Josephus stellten sie die 12 Monate dar, Repräsentanten der 12 Tierkreiszeichen – der 12 Jünger mit denen Jesus das gebrochene Brot teilte.

Im Wein ist die Wahrheit, Weisheit und die Offenbarung. Er ist Symbol für die göttliche Extase die im warmen Lebenssaft, dem körperlichen Blut zirkuliert.

Gleichzeitig ist Wein auch ein Merkmal für das Blut des Todes, das bei der Opferung vergossen wird. Wein und Blut sind austauschbare Symbole. Man trinkt Wein aus dem Kelch in den das Blut der geopferten Gottheit geflossen ist. Damit wird der Wein zum Blut dieser Gottheit.

Weltlich gesehen verkörperten Brot und Wein zu damaliger Zeit, das Erzeugnis der Arbeit im Ackerbau. Sie waren Symbol für den in Dank erhaltenen Lebensunterhalt.

»Eucharistie« ist das griechische Wort dafür – »Danksagung«. Darum lesen wir im 14. Kapitel der Genesis, als auch im 7. Paulusbrief:

»Abraham gab ihm (also dem Melchisedek) den zehnten Teil von allem, was er erbeutet hatte.«

Die Zeremonie von Wein und Brot bildet eine Initiation in die Macht des Geistes und des Lebens.

Brot und Wein sind Symbole für die Vergebung und Auslösung des vergossenen Bluts des von Abel erbrachten Tieropfers, als Wein aus der Erde – und die Anerkennung Gottes des Kainschen Getreideopfers – das zum Brot des Abendmahls wurde.

Der männliche Wein – der Geist – und das weibliche Brot – der Körper – nahm Jesus am Vorabend seines Kreuzestodes zusammen mit den 12 Aposteln ein. Damit wurde er und seine Jünger in Kommunion mit der göttlichen Liebe zum Androgyn der einen Menschenseele.

Esoterik der Essener

Die Schriftrollen vom Toten Meer haben viel über den göttlichen Thronwagen zu sagen – die Merkaba.

Man feierte in Qumran eine besondere Engels-Lithurgie, in der die Merkaba geschaut wurde. Höchstes Ziel der Qumran-Gemeinschaft war es an dieser Lithurgie teilzunehmen und den großen Thronwagen Gottes in den himmlischen Tempel hineinfahren zu sehen.

In einem 13-wöchigen Sabbathzyklus wurde die Gemeinschaft der Essener auf diesen spirituellen Himmelstempel vorbereitet.

Hierbei wurden bestimmte heilige Namen übergeben. Sie wurden aber nicht vorgelesen. Das Erfahren der Namen muss auf andere, uns leider unbekannte Weise erfolgt sein.

Vorstellbar wäre eine Einweihung wie sie etwa im dritten Hesekielbuch geschildert wird. Hesekiel erhält von einem, wie es heißt, in Erz gekleideten Mann, der von einem strahlenden Regenbogen umgeben ist, eine besondere Schriftrolle. Als er mit Hesekiel im göttlichen Thronwagen aufsteigt sprach er: »Menschensohn, deinen Bauch sollst du sie verzehren lassen und dein Inneres sollst du mit dieser Rolle füllen, die ich dir übergebe. Und ich aß, und sie ward in meinem Munde so süß wie Honig.

Da sprach er zu mir: Menschensohn, gehe hin zum Hause Israel und predige ihnen meine Worte.«[18]

Es ist wohl das allegorische Sprechen gemeint, in dem später auch Jesus seine Lehre in Gleichnissen vermittelte.

Das Schmecken des Mysteriums, ist die Einweihung der sich auch die Mysten der Mithrasmysterien unterzogen. Ihnen strich der Hohepriester Honig auf die Zunge um sie symbolisch von der Befleckung der sündhaften Sprache zu bewahren.

In dieser Einweihung wurde dem Mysten ein Name religiöser Bedeutung gegeben. Das Essen dieser Mysterienspeise bildete das Bindeglied zwischen dem Selbst und dem Geist. Dort war die wahre Lehre Gottes weder zu lesen noch war sie zu hören, sondern konnte nur erfahren werden – man sollte »Gott schmecken«.

Mit Nichteingeweihten über die Namen des Merkaba-Mysteriums zu sprechen war verboten. Man hätte einem Nichteingeweihten damit etwas

---

18 Hesekiel 3:3-4

gegeben, dass ihn vielleicht aus egoistischen Gründen handeln, oder die Namen in einem Rahmen hätte aussprechen lassen, welcher der Heiligkeit der Namen nicht gebührte.

Hierzu lesen wir eine alte Geschichte im Talmud.

Ein reisender Rabbi ritt auf einem Esel den einer seiner Schüler hinter sich herzog. Der Schüler drehte sich um und sprach: »Meister, unterrichte mich im Mysterium der Merkaba.« Der Rabbi antwortete »habe ich Dir nicht beigebracht, dass das Mysterium der Merkaba nicht individuell gelehrt werden darf, es sei denn ein Weiser würde es hören, der es aus sich selbst heraus versteht?«

Darauf antwortete sein Schüler, »dann lass mich etwas aufsagen, was Du mir bereits darüber gelehrt hast.«

Darauf sprang der Rabbi plötzlich von seinem Esel, hüllte sich in seinen Gebetsmantel und setzte sich auf einem Stein unter einen Olivenbaum. Der Schüler fragte »Wieso bist Du abgestiegen?«. Darauf sein Meister: »Ist es denn angemessen das Du über die Merkaba-Mysterien sprichst, wenn sich Gott und die Engel um uns begeben, während ich auf einem Esel sitze?«

Als darauf sein Schüler ihm sein Wissen über die Merkaba-Mysterien mitteilte, kam Feuer vom Himmel, und kreiste um die Bäume auf dem Feld.

Das was also mündlich über die Merkaba ausgesagt wird, erweist sich in einem Kraftstrom – direkt aus dem heiligen Namen Gottes.

Der darin wirkenden, durchaus auch gefährlichen Macht des heiligen Namens, war sich der Essener bewusst. Wer sie für eigennützige Zwecke verwenden wollte, oder sie unvorbereitet ausspreche, würde dem Wahnsinn verfallen oder gar dem Tod ausgeliefert sein.

Um solch Unglück zu verhindern, hüllte man diese Namen also in Schweigen.

Im zweiten Brief an die Korinther heißt es: »Ich kenne einen Menschen in Christo; [...] der ward entrückt in das Paradies und hörte unaussprechliche Worte, welche kein Mensch wiedergeben darf.«[19]

Eine andere Legende mit dem Titel »Die Vier die Pardes[20] eintraten« berichtet vom falschen Umgang mit solchen Namen.

Vier Rabbis treten ein in ins Paradies.

---

19 Korinther 12:2-4

20 Pardes = »Obstgarten«

Einer sah es und starb. Ein weiterer verfiel dem Wahnsinn. Der Dritte schaute zwar kurz das Paradies, versuchte dort aber den Lebensbaum zu zerstören und kehrte als Gotteslästerer zurück. Nur der vierte Rabbine trat in Frieden ein und kehrte in Frieden zurück. Er hatte sich, bevor er die Merkaba schaute, lange in Meditation begeben, im Gebet stundenlang heilige Mantras rezitiert und sich erst dann auf einen der Namen Gottes konzentriert und sie an der himmlischen Schwelle als Losung ausgesprochen.

Bevor sich also ein Essener dem okkulten Wissen verpflichtete, lernte er in seiner Geistesschulung jahrelang, wie man die heiligen Texte las, zu verstehen und zu verinnerlichen hatte.

Ein heiliger Text musste auf vier Ebenen untersucht und verstanden werden.

Das Wort »Paradies« ist in der Kabbala ein Akronym, dass sich aus vier hebräischen Buchstaben zusammensetzt, Peh, Resh, Daleth und Samech, die für die vier Ebenen dieser Transparenz stehen.

- פ – Peh für Pschat: die wörtliche Bedeutung des Textes
- ר – Resh für Remes: die darin enthaltene allegorische Anspielung

- ד – Daleth für Drasch: der interpretativen, rhetorisch-didaktischen Bedeutung
- ס – Samech für Sod: das Geheimnis der esoterisch-mystischen Bedeutung

Mit dem Studium der letzten Ebene, dem esoterischen Sod, sollte also erst begonnen werden, nachdem die drei vorhergehenden Ebenen verstanden und vollständig verinnerlicht wurden. Das ist vermutlich in der zuvor dargestellten Talmudgeschichte mit dem Weisen gemeint, der den Namen Gottes aus sich selbst heraus hört.

Verstehen mit Kopf als Empfangsorgan kann hier nicht gemeint sein. Sondern das innere Strömen das aus dem Herzen erzeugt wird.

Deshalb musste für die Essener das Studium der geheimen Namen gewissermaßen immer unvollständig bleiben. Doch warum?

Weil man die Namen nicht abschließend intellektuell in eine Wortlogik kapseln wollte, sondern sie als Indiz für etwas Alltägliches, etwas Vertrautes ansehen sollte, dem eine geheimnisvolle Funktion innewohnt, die es im Herzen zu entdecken und daraus entsprechend zu handeln gilt.

Die Lehre der Merkaba konnte also nur im Dunkel

der Unwissenheit gelehrt werden. Oft an einem verlassenen Ort, an dem der Geistesschüler sich auch vielen und teilweise sogar schreckenerregenden Prüfungen unterziehen musste, um den Ursprung des Lichts zu begreifen – die »Finsternis hat's nicht ergriffen«.

Seit dem Tode der großen Initiierten ist diese verborgene Lehre für die Außenwelt ein unverletztes Geheimnis – und das soll es bleiben, bis zu der Zeit, wenn die Erleuchtungsfunken in jedem einzelnen das Licht des Adepten entzündet haben.

Eine Essenische Affirmation

Mit jedem Zeitalter ändert sich die Form der heiligen Einweihung.

Im Krebszeitalter wurden die Menschen durch die Enthüllung der Kunst des Ackerbaus sesshaft.

Das Zwillingszeitalter war die Zeit in dem man lernte zu unterscheiden zwischen Gutem und Bösem – zwischen Licht und Finsternis.

Im Stierzeitalter entstand das König- und Priestertum das die Naturmysterien erkannte und niederschrieb.

Mit dem Widderzeitalter trat in den Vordergrund der Gottbegriff als geistige Form der Heiligkeit.

Der Orden der Essener zur Zeit Jesu wurde im Ausklang dieses Zeitalters gegründet.

Eine neue Periode der Menschheitsentwicklung. Gott wurde im Glauben verehrt und die Menschen durch die Taufe eingeweiht.

Die 30 Jahre in der Jesus zum Christus wurde, bilden eine Periode im Übergang in das Zeitalter der Fische. Mit diesem Zeitalter kam aber auch der religiöse Eifer in die Welt, der schließlich seinen Höhepunkt im Mittelalter erreichen sollte, wie wir alle wissen. Und es scheint, als würde er am Ende des Fische-Zeitalters, in dem wir heute leben, erneut entzünden.

Später, in der Epoche der Aufklärung und des Humanismus[21] kehrten sich viele Menschen, vom Fortschritt der Industriellen Revolution begleitet, vom Glauben ab. Daraus formte sich, wie wir heute alle sehen können, die materialistische Sicht auf die Welt und den Menschen der in dieser Welt lebt.

Es scheint als sähen wir uns heute, etwa 2.000 Jahre nach der christlichen Zeitenwende, erneut von einem immer gravierender werdenden Materialismus durchdrungen.

Anscheinend sind aus den Arenen der Römer zur Zeit der Essener, heute die leuchtenden Schauflächen unseres modernen Zeitalters geworden. Die neuen Tempel sind die Einkaufshallen und angebetet wird das Ich, in Form eines im Spiegel wiedergegebenen Körperbildes, das den Glauben an eine nichtmaterielle Welt für viele erübrigt hat.

Nur was im Widerschein der Dinge gesehen werden kann und wie sich der einzelne Mensch in dieser Welt anderen zeigt hat Gültigkeit.

---

21 Der Begriff Humanismus wurde von Friedrich Immanuel Niethammer 1808 zum ersten mal verwendet.

Immer mehr Mechanismen drängen zwischen die Menschen. Mittel der Kommunikation und des Ausdrucks sind offensichtlich die Apparate geworden.

Zugehörigkeit kann anscheinend nur noch in einer abgeschlossenen Gruppe funktionieren, die Bestenfalls aus der Idee eines einzelnen Gurus, Meisters oder sonstigen Führers als Vorbildcharakter gegründet wurde. Was aber mit wirklicher Zusammenarbeit gemeint ist, das scheint vergessen.

Diejenigen die sich nicht an das aus sich selbst wirkende Prinzip der Liebe angeschlossen haben, sondern sich am Willen einer übergeordneten Vorgabe ausrichten, werden bestimmt wieder in die von ihnen so gefürchtete Vereinzelung zurückfallen.

All das wird wahrscheinlich im 22. Jhd. seinen absoluten Höhepunkt erreicht haben, wenn der Mensch körperlich vollständig von anderen Menschen durch die Maschine getrennt leben wird.

Doch genau in dieser Zeit wird das Bewusstsein eines neuen Zeitalters keimhaft in den Menschenseelen entfacht werden – in der keine Messiasse mehr, von einem geheimen Kreis als

Erlöser in die Welt gebracht werden müssen, sondern die Zügel der apokalyptischen Pferde von jedem einzelnen Menschen im Geiste gehalten werden, in einer Zeit in der alle Mysterien in ihrer wahrhaftigen Form geoffenbart wurden und allen Menschen zur Verfügung stehen.

An vielen Stellen in der zeitgenössischen Welt wird dies bereits erkennbar.

Um diesen Vorgang ins Rollen zu bringen, könnten wir von den einstigen Riten körperlicher, seelischer und geistiger Reinheit lernen, wie sie die Essener praktizierten.

Die Essener versuchten ihre Heilsauffassung nicht in einem politischen Kampf und durch eine Revolution zu verbreiten, sondern hielten ihre Propheten dazu an, den Menschen zu vermitteln ihr eigenes Leben und ihr Verhältnis zu Gott zu verändern. So würde das Reich Gottes auf Erden entstehen und die oft so schwierigen Verhältnisse der Menschen, würden sich in ihnen wie von selbst organisieren.

Veränderung kann aber nicht alleine im Kopf stattfinden, denn dort sind wir oft in den Mustern der Erinnerungen gefangen, den Gedankengebäuden die wir uns im Laufe eines

Lebens durch die Lehren anderer Menschen aufgebaut haben, zu einer festen Struktur von Schablonen in die hinein neue Gedankenformen einfach nicht passen.

Der Weg sollte also auch über das Herz gegangen werden, unsere Mitte – das Zentrum.

Das Herz ist, wie wir aus den alten Traditionen lernen, ein mythisches Gefäß des Wassermanns: der altägyptische Canopus, dessen Archetypen Heilung, Wiedergeburt und spiritueller Aufstieg sind.

Jener wassertragende Essener, dem die Jesusjünger in Jerusalem folgten, ist Symbol für dieses Herz, der Aquarius, der emporgehobene Geist der Menschheit im Wassermannzeitalter.

Mit der in dieser Zeit stattfindenden, »ehelichen« Vereinigung des 40.000 Jahre währenden geistigen Erbes des Matriarchats und des Patriarchats, fließen die Attribute des Lebens, der Regeneration, der Taufe und der Wiedergeburt im Lichte des kosmischen Wassermanns zusammen.

Er wird der gütige König in uns sein, der alle anderen Menschen mit seinem göttlichen Lobgesang im Licht der Würdigung verherrlichen wird.

Literatur

- Paulus zwischen Damaskus und Qumran, Pinchas Lapide
- The Scepter and the Star – Messianism in the light of the Dead Sea Scrolls, John J. Collins
- The Complete Dead Sea Scrolls in English, Geza Vermes, 2011, Penguin Classics
- Historia Naturals, Plinius der Ältere, John Bostock (Kommentator)
- Secret Sects of Syria and the Lebanon, Bernhard H. Springett, New York
- Die Religion in Geschichte und Gegenwart, Hermann Gunkel (Hrsg.)
- Die Weiße Göttin, Robert Ranke-Graves
- Die Geheimlehre, Helena Blavatsky
- Göttingische Anzeigen von gelehrten Sachen, königl. Gesellschaft der Wissenschaften
- Verschlusssache Jesus, Michael Baigent / Richard Leigh
- The Essenes, Christian D. Ginsburg
- http://firstnewtestament.com/influence_zoroastriansim_essene_jewish_theology.htm
- Eschatology, Messianism and the Dead Sea Scrolls, Craig A Evans and Peter W. Flint (Editors), Throne-Chariot Mysticism in Qumran and in Paul, by James M. Scott
- The Dead Sea Scrolls – Forty Years of Research, Devorah Dimant and Uriel Rappaport (Editors), Jersualem, Israel
- Jesus the Last Great Initiate, von Edouard Schure

- The Secret Initiation of Jesus at Qumran: The Essene Mysteries of John the Baptist, Robert Feather
- Das mystische Leben Jesu, Harvey Spencer Lewis
- Beyond the Essene hypothesis : the parting of the ways between Qumran and Enochic Judaism / Gabriele Boccaccini
- Pythagoreans and Essenes: structural parallels, Justin Taylor
- Die göttliche Entwicklung von der Sphinx bis zum Christus, Edouard Schuré
- Die grossen Eingeweihten: Geheimlehren der Religionen, Edouard Schuré
- Eschatology, messianism, and the Dead Sea scrolls, Craig A. Evans
- Die Qumran-Essener-Hypothese: die Handschriftenfunde bei Khirbet Qumran, ihr spezifischer Trägerkreis und die essenische Gemeinschaftsbewegung, Roland Bergmeier
- The Bible and the Dead Sea Scrolls, Elledge, Casey Deryl
- The Essenes and Christianity, Duncan Howlett
- The Secret Teachings of all Ages, Manly Palmer Hall
- Flavius Josephus, Bellum Judaicum
- Mythos Jesus: Das verborgene Geheimnis der großen Göttin, Hartwig Biedermann

Printed in Poland
by Amazon Fulfillment
Poland Sp. z o.o., Wrocław

41161695R00040